www.ingramcontent.com/pod-product-compliance
Lightning Source LLC
Chambersburg PA
CBHW031531210526
45463CB00010B/1960
* 9 7 8 1 6 5 1 0 6 9 8 0 6 *